NOTICE

SUR LES CAUSES

DE LA DÉCADENCE DU THÉATRE

EN PROVINCE

ET

DES MOYENS DE LE RÉGÉNÉRER

Par M. D......,
Ancien Directeur et Artiste

PRIX : 1 FRANC.

PARIS,

N. TRESSE, Éditeur de la France Dramatique,
Successeur de J.-N. Barba,
PALAIS-ROYAL, GALERIE DE CHARTRES, Nos 2 ET 3.
Derrière le Théâtre-Français.

1852

NOTICE

SUR LES CAUSES

DE LA DÉCADENCE DU THÉATRE

EN PROVINCE

ET

DES MOYENS DE LE RÉGÉNÉRER

Par M. D......,
Ancien Directeur et Artiste.

PRIX : 1 FRANC.

PARIS,
N. TRESSE, ÉDITEUR DE LA FRANCE DRAMATIQUE,
Successeur de J.-N. Barba.
PALAIS-ROYAL, GALERIE DE CHARTRES, Nos 2 ET 3,
Derrière le Théâtre-Français.

1852

CHAPITRE I.

Chacun cherche depuis longtemps le moyen de faire revivre le théâtre en province, en attendant la loi qui doit définitivement régir la matière.

Mais cette loi, quand viendra-t-elle? et a-t-on songé à la difficulté de la préparer? Car enfin ceux qui seront chargés de ce soin marcheront souvent sur un terrain qui leur sera à peu près inconnu. Malgré leur incontestable mérite et leur profonde érudition, leur inexpérience des hommes et des choses de théâtre trahira infailliblement leurs bonnes intentions et leur ferme volonté de bien faire.

Quant à présent, les uns se donnent la mission d'indiquer des remèdes, les autres celle d'en prouver l'inefficacité. Malheureusement, ces messieurs, dont on ne saurait méconnaître aussi les louables intentions et le talent, sont pour la plupart presque complètement étrangers à la question. Ils ne connaissent du théâtre que la surface, et en raisonnent du fond de leur cabinet, comme tant d'autres ont fait pour l'abolition de l'esclavage. Ce qu'il y a de certain, c'est que, jusqu'à présent, on n'a proposé que des mesures isolées, bonnes ou mauvaises, mais jamais un système complet. Ainsi, il y a grande controverse en ce moment au sujet de l'exploitation des théâtres par les villes (1); mais cette réforme appliquée seule, dans les conditions actuelles et sans le concours d'autres mesures, n'aurait pour résultat que de substituer une ville à un individu, sans mettre cette ville entièrement à l'abri des dangers auxquels ne peut échapper l'individu. De là vient que chaque adversaire paraît avoir rai-

---

(1) Je dois faire remarquer que j'eus cette idée en 1844, lorsque je dirigeais les deux théâtres de l'une des principales villes de la province. Un instinct secret me fit entrevoir que là seulement était le salut des théâtres, et j'en fis la proposition, qui, naturellement, n'eut pas de suite dans un moment où j'étais en but à la malveillance d'une douzaine de perturbateurs, dont j'avais le malheur de ne pas posséder les sympathies, et pour cause.

son, quelle que soit la cause qu'il soutienne, mais la question reste intacte, sans faire un pas.

L'on s'étonne quelquefois de voir rester étrangers à la discussion des hommes qui ont dirigé des théâtres importants en province, et qui seuls pourraient, en indiquant où est le mal, jeter quelque lumière sur ce qu'il y aurait de mieux à faire pour le guérir. Mais le motif en est bien simple : les uns ont été tellement abreuvés de dégoûts, de chagrins et d'ennuis de toute sorte, qu'ils s'estiment trop heureux d'en être délivrés, et ne veulent plus en entendre parler. D'autres, au contraire, y apportent une complète indifférence, et ne tiennent pas du tout à ce que les choses changent. Ceci explique pourquoi, en l'absence d'hommes vraiment en état de fournir des renseignements exacts, d'autres, auxquels il ne manque que l'expérience, se lancent dans la carrière, et proposent tantôt un moyen, tantôt un autre, sans jamais embrasser la question dans son ensemble.

Qu'on veuille bien, je le demande instamment, ne pas prendre ce qui précède pour des personnalités. Celui qui écrit ces lignes n'a ni le droit ni le désir d'en faire ; seulement, comme il est généralement reconnu que nul ne peut savoir et connaître sans apprendre et pratiquer, je demande pardon à quelques-uns de ces messieurs de penser qu'ils n'ont signalé ni le véritable mal, ni, par conséquent, indiqué le véritable remède.

CHAPITRE II.

Comme beaucoup d'autres, après avoir passé par cette existence de directeur, telle qu'elle est aujourd'hui, j'aurais probablement gardé le silence, sans une circonstance particulière, qui m'a fait jeter les bases de ce travail, auquel je me décide à donner de la publicité.

Malgré l'éloignement dans lequel je vivais, je n'en avais pas moins conservé le désir et l'espoir d'être utile au théâtre et aux artistes, si cela m'était possible. Seulement, je n'entrevoyais pas cette possibilité lorsqu'arriva à de très hautes fonctions un homme que je crus être un de mes anciens condisciples.

Je jetai immédiatement sur le papier les idées et les réformes que je méditais depuis longtemps, bien convaincu de recevoir au moins un bon accueil de la part d'un ancien camarade de collége.

Malheureusement, j'appris que ce dernier était mort depuis longtemps, et que le haut fonctionnaire en question était son frère. Je n'avais donc plus le même titre à un accueil amical; je retombais dans la foule des inconnus non patronnés, dont les idées, bonnes ou mauvaises, sont ordinairement traitées d'élucubrations.

Cependant, je n'avais plus qu'à mettre un peu d'ordre dans mes idées et à supprimer quelques détails dans lesquels je me proposais d'entrer seulement devant une commission dont j'aurais sollicité la formation auprès de mon ancien condisciple. Je pensai alors, à défaut de l'appui sur lequel j'avais compté, à avoir recours à la publicité.

Je ne me fais toutefois aucune illusion sur le sort qui attend peut-être ce travail d'un homme non recommandé et assez osé pour émettre des idées qui peuvent froisser les intérêts privés de quelques hommes parfaitement habiles à se procurer et à faire agir des influences. Mais, à moins qu'on ne juge à propos de se passer de théâtres en province, j'ai foi dans l'avenir, qui, avant peu, leur donnera une nouvelle existence, et, en attendant, les réformes que je propose étant les plus faciles à appliquer, il en restera toujours quelque chose.

Et puis, qui sait? si le hasard faisait tomber cette brochure dans les mains du chef de l'État et que je me trouvasse ensuite en position de m'expliquer complètement en répondant aux objections qui pourraient m'être adressées, n'a-t-on pas vu les plus petites causes produire quelquefois les plus grands effets?

De plus, l'essai des mesures que je propose ne pourrait-il pas, en cas même d'insuccès, servir de jalon, de préparation à la loi qui n'est encore qu'à l'état d'intention? Sans abonder tout-à-fait dans mon sens, ne serait-il pas possible que mes observations éclairassent un côté quelconque de la question?

Enfin, que je m'abuse ou non, toutes ces considérations m'ont déterminé, et, quel qu'en puisse être le résultat, je me hasarde.

CHAPITRE III.

Avant d'entrer en matière, je déclare que je fais complètement abstraction des hommes pour ne m'occuper que des principes. En un mot, je ne veux que signaler des abus, sans m'occuper de qui a pu les propager ou s'en rendre coupable.

Voici donc, sauf quelques modifications, ce que j'espérais mettre sous les yeux de mon ancien condisciple, si la providence lui eût donné la préférence sur son frère, et l'eût appelé au poste éminent que celui-ci occupe.

Parmi les nombreuses industries et institutions de toute sorte qui ont ressenti l'influence de l'avénement au pouvoir du Prince-Président, seul peut-être, le théâtre n'a pas eu son tour. C'est pourquoi, monsieur le Ministre, j'ai sollicité la faveur d'être admis auprès de vous, pour plaider sa cause et obtenir, s'il est possible, sa part dans les bienfaits d'une initiative providentielle.

Les réformes que je propose, sans être d'une application difficile, sont cependant à peu près complètement en opposition avec le passé. Mais plus le mal est grand, plus le remède doit être énergique, et il ne faut pas se dissimuler que le théâtre en province ait besoin, lui aussi, d'une régénération complète.

J'ai fait, monsieur le Ministre, du système actuellement en vigueur une expérience qui ne me permet pas de douter qu'on ne soit forcé d'en venir tôt ou tard à l'emploi des moyens que j'indique, parce qu'il n'y a pas d'autre chance de salut immédiat pour le théâtre en province, et que leur application, ainsi que je l'ai dit, offre peu de difficultés.

Et maintenant, si quelques-unes de mes propositions vous paraissaient empreintes d'exagération, je vous prie, monsieur le Ministre, de ne pas oublier qu'elles m'ont été inspirées par la pratique, et qu'elles sont la conséquence forcée de la situation actuelle des choses.

Jamais, du reste, l'occasion n'a été si favorable pour accomplir une pareille révolution. Les réformes théâtrales que le prince président jugerait à propos d'opérer de son autorité privée seraient, sans nul doute, accueillies avec respect et reconnaissance; car ce ne sont point les villes elles-mêmes qu'il faudrait consulter : jamais elles ne sortiront spontanément d'une routine qui date de trop loin. Il en est de cela comme d'une foule de mesures qui seraient encore à l'état de projet si on avait consulté les intéressés.

En un mot, monsieur le Ministre, sauf les modifications qu'on jugerait convenable d'apporter à ce projet, qui n'est point irréprochable, comme tout ce qui sort de la main des hommes, son adoption, de par l'initiative du Prince-Président, serait un immense bienfait pour tous. Les villes ne craindraient plus de voir leurs théâtres fermés et les industries qui en vivent innoccupées et ruinées. Les artistes ne seraient plus, comme aujourd'hui, exposés sans cesse aux chances des faillites. Enfin l'art lui-même ne serait pas celui qui y gagnerait le moins.

Voici donc, monsieur le Ministre, jusqu'à preuve du contraire, les réformes principales sans lesquelles je suis fermement convaincu de l'impossibilité de rendre la vie aux théâtres de la province. (Les détails en seraient faciles à régler.)

CHAPITRE IV.

D'abord, toute ville qui veut avoir un spectacle, et qui en comprend la nécessité, devrait, avant tout, posséder une salle, parce que toute exploitation devient impossible en présence des exigences de ceux qui possèdent ces sortes d'immeubles.

La ville choisirait et nommerait un directeur-gérant, lequel, aux appointemens fixes, serait par le fait étranger à toute la partie financière de l'exploitation, pour se renfermer dans les attributions proprement dites de directeur, engager les artistes, monter les ouvrages, surveiller leur exécution. Ce qui signifie, en un mot, que pour ces fonctions, il faudrait un homme spécial, et non plus un spéculateur, ignorant presque toujours les premières notions de l'art qu'il est appelé à diriger, et se ruinant ou ruinant les autres.

J'ai dit que ce directeur-gérant resterait par le fait étranger à toute la partie financière de l'entreprise ; je m'explique :

La législation qui soumet les questions théâtrales à la juridiction des tribunaux de commerce devra être réformée tôt ou tard, ainsi que j'en démontrerai la nécessité plus loin. Or, l'objection la plus grave qu'on oppose au système de l'exploitation par les villes est celle-ci : *Une ville ne peut être justiciable des tribunaux de commerce.* Il faut donc, pour obéir à ce principe, que tout en restant, par le fait, désintéressé dans la gestion, le directeur soit responsable aux yeux de la loi. La ville serait simplement commanditaire jusqu'à concurrence d'une somme au-delà de laquelle elle ne serait tenue à rien. Du reste, je n'indique cette mesure de précaution que pour donner satisfaction à quelques scrupules. Car, lorsqu'après un premier essai du système entier, on aurait acquis la conviction que le chiffre ordinaire des subventions ne pourrait jamais être dépassé, les défiances et les craintes qu'inspire ce système disparaîtraient bientôt.

De même que le directeur-gérant ne s'immiscerait en aucune façon dans la comptabilité, la ville, de son côté, le laisserait parfaitement libre dans tout ce qui touche à l'art et à la scène, en évitant d'exercer sur lui la moindre pression. Ceci serait une condition *sine quâ non*, car, du moment où des influences viendraient à se faire sentir, il n'y aurait plus d'exploitation possible. Une seule volonté, un seul chef doivent gouverner. Il ne s'agit que de trouver une volonté honnête et éclairée, et il faut espérer qu'il en existe encore quelques-unes. Tous les employés, en dehors de la partie artistique, tels que caissier, contrôleurs, receveurs, etc., seraient choisis et nommés par la ville, qui les surveillerait et se ferait rendre des comptes.

CHAPITRE V.

Ainsi que je l'ai dit plus haut, une ville exploitant son théâtre à ses risques et périls paraît une énormité à beaucoup de personnes honorables, et surtout aux dépositaires de l'autorité, justement économes des deniers publics. Cependant, il est facile de démontrer que les avantages de ce système font disparaître en grande partie, sinon complètement, les dangers auxquels ne peut nécessairement résister le directeur spéculateur. Les causes de ruine n'existant plus, les résultats devront infailliblement changer.

Partout où le spectacle est reconnu indispensable, il est à peu près généralement admis qu'il faut le subventionner. Or, en supposant même une mauvaise année, quel qu'en soit le motif, il sera rare, pour ne pas dire impossible, si le budget est bien coordonné, que le déficit dépasse le chiffre de la subvention. Voici les motifs de cette probabilité, qui deviendra, j'en suis convaincu, une certitude.

Toujours, et ce sans exception, une certaine partie du public fait au directeur spéculateur une guerre acharnée, souvent injuste, et très préjudiciable aux intérêts de ce directeur. D'abord, elle éloigne du théâtre toutes les personnes paisibles, auxquelles on a le soin de faire savoir d'avance qu'il y aura du bruit au spectacle; ensuite l'animosité de ces persécuteurs est tellement violente, que, souvent, ils sacrifient, pendant les débuts, un artiste de talent, dans le seul but de nuire à celui dont ils se sont déclarés les ennemis implacables (1). D'où il suit que le directeur, forcé de remplacer l'artiste injustement refusé, voit de jour en jour ses ressources s'épuiser pour suffire à payer les avances et les frais de voyage de nouveaux artistes, ainsi que cela se pratique aujourd'hui. Et, quand

---

(1) Dans beaucoup de villes, il est convenu qu'un directeur ne doit pas réaliser de bénéfices; par exemple, qu'une année soit, par hasard, passable, grâce à un ouvrage dont le succès aura dépassé toute espérance, aussitôt les meneurs arrêtent entr'eux qu'il faudra faire regorger ce directeur assez malavisé pour bénéficier. Il semble que ce soit à leur préjudice que ce résultat a été obtenu, et que ce soit un vol fait à leurs plaisirs; en un mot, au point de vue de quelques amateurs, il faut autant que possible qu'un directeur soit toujours embarrassé pour qu'ils puissent le dominer de toute la hauteur d'une position faite, et lui imposer des lois.

on songe au chiffre de ces avances, qui se monte souvent à 1,000 ou 1,500 francs, et que cela peut se renouveler dix fois dans un mois, comment s'étonner de l'impossibilité des directions actuelles?

Il est incontestable que le directeur-gérant n'étant plus intéressé dans l'entreprise, et n'agissant plus pour son propre compte, cette guerre n'aura plus de cause et devra cesser, car ce serait à la propre bourse de la ville, dont ils sont eux-mêmes tributaires, que les cabaleurs s'attaqueraient.

D'un autre côté, il faut bien le dire, les autorités, trop souvent, restent tranquilles spectatrices de ces sortes d'exécutions. Soit par indifférence, soit par suite de leurs relations de parenté ou de société, elles tiennent beaucoup plus à ménager les perturbateurs qu'un étranger dont le sort leur est parfaitement indifférent. Mais, en présence des intérêts de la ville menacés, elles ne pourraient se dispenser d'intervenir, si, par hasard, elles voyaient se manifester une opposition systématique. Mais, je le répète, cette dernière hypothèse est inadmissible, puisqu'il n'existerait plus même un prétexte.

Ce qui précède nous conduit naturellement au chapitre des abonnés et des débuts.

CHAPITRE VI.

Jusqu'à présent, on a toujours reçu les abonnements avant même l'ouverture de la campagne. Il en résulte que, les débuts terminés, il se trouve invariablement un grand nombre d'abonnés qui se plaignent sans cesse, et se tiennent constamment en hostilité contre le directeur, qui ne leur a pas donné, disent-ils, ce qu'il leur avait promis. (Il serait plus exact de dire souvent ce qu'ils avaient rêvé.) Il faudrait, à l'avenir, et ce serait bien plus important qu'on ne pense, ne plus admettre d'abonnés avant que les débuts fussent terminés et la troupe constituée. Alors toute personne qui s'abonnerait saurait parfaitement à quoi s'en tenir sur la valeur et le nombre des sujets, et n'aurait plus aucun motif de se plaindre.

Ici, je dois tenir compte d'une objection

qui m'a été faite par un homme honorable et très compétent. « En refusant de faire des abonnements avant les débuts, me disait-il, vous irriterez la classe des spectateurs qui ont l'habitude de ne venir au théâtre qu'à titre d'abonnés. Ils chercheront alors à se venger en faisant du tapage tous les jours, et en rendant les débuts impossibles. »

Il ne m'appartenait pas, dans ma position vis-à-vis de l'auteur de cette objection, de heurter son opinion et d'entrer dans des détails. Mais si cela eût été possible et convenable, je lui aurais répondu :

« Ne croyez pas, monsieur, que l'abonné de province, qui a l'habitude de venir au spectacle pour 60 ou 65 c. par jour, consente à payer 3 fr. ou 3 fr. 50 c., pendant plusieurs mois, pour le seul plaisir de faire du tapage. C'est méconnaître tout à fait le caractère de l'abonné de province que de le supposer capable d'un pareil sacrifice; » et ne sait-on pas que, riches et pauvres, le but constant de tous est d'aller au spectacle au moins de frais possible, et gratis même ? Il est impossible, en effet, de se faire une idée des manœuvres que l'on emploie pour frustrer un directeur, et ceux qui s'en rendent coupables ne regardent pas cela comme une action répréhensible. J'ai vu des gens riches à 25 et 30,000 fr. de rente venir au spectacle avec des billets de service destinés à des agents subalternes de police. En un mot, on en agit avec les directeurs comme avec le gouvernement, que l'on frustre très souvent, sans que la conscience en soit le moins du monde alarmée. Aussi, contrairement à l'opinion de mon interlocuteur, je crois que les abonnés auraient hâte de voir se terminer les débuts pour cesser de payer 3 fr. ou 3 fr. 50 c. par jour, et d'ailleurs leur but serait manqué, quand bien même ils se décideraient à faire un sacrifice, puisque le directeur gérant serait à l'abri de leurs coups.

D'un autre côté, l'autorité, ainsi que je l'ai expliqué plus haut, ne manquerait pas d'intervenir, et elle a à sa disposition, quand elle veut, des moyens de persuasion que ne possède jamais un directeur abandonné à lui-même.

Je dois ici dire quelques mots des servitudes et exigences auxquelles on ne saurait trop se hâter de soustraire les administrations théâtrales. On ne peut se figurer, en effet, le nombre d'entrées gratuites imposées à un directeur : c'est l'oncle, le cousin, la sœur, la tante de monsieur un tel ou de madame une telle.

Il y a aussi un grand nombre d'entrées destinées aux administrations ; mais je n'en parle ici que pour mémoire, parce que des gens qui calculent me répondront que la ville donnant une subvention, a bien le droit d'exiger un certain nombre d'entrées gratuites. D'accord : elle a ce droit, elle en use ; mais alors, que devient le chiffre de la subvention, si l'on reprend d'une main une partie de ce que l'on donne de l'autre? Et il n'est pas inutile de faire remarquer que ces entrées de faveur sont presque toujours accordées à ceux qui seraient le plus en état de payer leurs places (1).

---

(1) J'ai compté jusqu'à deux cent cinquante entrées de faveur. Or, tout en faisant la part de ceux qui iraient moins souvent au spectacle, du moment où il leur faudrait payer, on peut, néanmoins, les compter hardiment, l'un dans l'autre, comme abonnés, soit 65 centimes par personne et par jour. Il en résulte donc un déficit de plus de cinquante mille francs.

Quant à l'admission des artistes, le scrutin, tel qu'on le pratique déjà dans plusieurs villes, contribuerait, au moyen de quelques modifications inspirées par l'expérience, à diminuer les chances de désordre, et par conséquent de pertes.

Du reste, cette question, aujourd'hui si importante, deviendrait, je crois, secondaire en présence de la nouvelle organisation. En effet, le public venant assister aux débuts avec la conviction que les choix présentent plus de garantie que par le passé, et que nul n'a intérêt à lui imposer des artistes médiocres, serait beaucoup plus calme, plus attentif. Il est probable que tout se passerait fort paisiblement, et qu'on irait enfin au spectacle pour le spectacle.

CHAPITRE VII.

Maintenant si, en vertu d'un décret bien désirable dans l'intérêt des artistes et de tout ce qui vit du théâtre, ce système d'exploitation par les villes était mis en vigueur partout où il y a des subventions, il y aurait, pour en assurer le succès, à introduire une réforme qu'il me suffira d'indiquer pour en faire comprendre l'importance au point de vue des plaisirs du public, et, par conséquent, de l'augmentation inévitable des recettes, dont le chiffre dépasserait infailliblement celui qui aurait jamais été atteint.

Il s'agirait de diviser les villes par catégories de quatre chacune (1). Ainsi, on formerait une catégorie avec Lyon, Marseille, Toulouse, Bordeaux ; une autre avec Rouen, Lille, Nantes, Strasbourg, etc. Chacune de ces villes, dans lesquelles les débuts se feraient

---

(1) Je dois faire observer que j'ai traité la question seulement au point de vue des troupes d'opéra, qui sont la pierre d'achoppement: Partout on veut de l'opéra, et partout on est très exigeant: à tort ou à raison, les autres genres sont loin d'avoir, aux yeux du public, la même importance, outre qu'ils sont beaucoup moins difficiles à établir. Néanmoins, ils auraient leur tour si l'expérience tentée sur les troupes d'opéra donnait des résultats satisfaisants.

simultanément, ne garderait que pendant trois mois ses huit premiers sujets qui feraient ainsi quatre étapes dans l'année (1).

Pendant que la curiosité viendrait se satisfaire, en établissant des comparaisons entre les nouveaux venus et leurs prédécesseurs, dans les ouvrages du répertoire ordinaire, chaque administration monterait ce qu'on appelle des nouveautés, en ayant soin de s'entendre avec les autres pour ne pas choisir les mêmes.

Quiconque connaît le théâtre, en province, sait combien on s'y blase vite sur les artistes de talent, même tout en leur rendant justice. Le public aime à voir des visages nouveaux, et cet échange d'artistes aurait pour résultat

---

(1) Ces huit premiers sujets seraient :
1° Le ténor de grand opéra.
2° Le ténor léger.
3° La 1re basse de grand opéra.
4° La 1re basse d'opéra-comique.
5° La forte chanteuse.
6° La 1re chanteuse légère.
7° Le baryton.
8° La 1re dugazon.

infaillible d'amener la foule au théâtre, en tenant la curiosité constamment en haleine.

Il est, à la vérité, des personnes qui soutiennent une thèse contraire, c'est-à-dire que, selon elles, il faudrait engager les artistes à long terme et les conserver le plus longtemps possible.

J'en demande bien pardon à ces personnes-là ; mais elles n'ont jamais dû étudier de près le théâtre en province. Qui ne sait, en effet, l'émotion que cause dans le public qui fréquente les théâtres l'apparition d'un sujet nouveau ? Quel est le directeur auquel il n'est pas arrivé de présenter une ou plusieurs fois, selon le succès obtenu, des artistes de passage souvent inférieurs à ses pensionnaires, et cela dans le but presque toujours atteint d'améliorer une recette qui eût été nulle avec ses ressources ordinaires ? Si cela est vrai pour un seul sujet, ce sera vrai à plus forte raison pour huit, surtout lorsqu'on saura que leur séjour dans la ville ne doit être que de trois mois, et qu'après s'être fait entendre dans les mêmes ouvrages que leurs prédécesseurs, ils en exécuteront de nouveaux ou de non représentés depuis longtemps.

D'autres prétendront peut-être que l'exécution souffrirait de ces changements, qu'on n'obtiendrait pas un ensemble satisfaisant, comme lorsque les artistes restent à poste fixe.

Je répondrai d'abord que les huit sujets en question seraient toujours réunis comme par le passé. Ils changeraient de théâtre, et voilà tout. Quant à l'orchestre, aux chœurs et aux emplois secondaires qui seraient à demeure, ce n'est pas, je pense, l'arrivée de huit premiers sujets nouveaux qui pourrait déranger leur ensemble, s'ils en avaient auparavant.

Enfin, je demanderai si les troupes italiennes, qui se renouvellent intégralement tous les trois mois, pèchent plus que les nôtres par l'ensemble et le fini de l'exécution.

CHAPITRE VIII.

J'arrive maintenant à une question des plus délicates et des plus importantes, eu égard à ses conséquences; celle des rapports des artistes avec les administrations théâtrales.

Il y aura sans doute des artistes qui trouveront rigoureuses les mesures que je vais proposer. Je les prie, toutefois, de ne voir aucune malveillance dans ce qui va suivre. Je ne suis pas de ceux qui fournissent des verges pour les fouetter, et je n'ai point encore renoncé à mon ancien état. J'ajouterai que, selon moi, un artiste consciencieux ne doit pas craindre de donner toutes les garanties possibles, puisqu'en remplissant son devoir, il ne risque pas plus d'être inquiété que celui qui fait face exactement à ses échéances.

D'après le mode d'engagement aujourd'hui en usage, les artistes se considèrent comme très peu liés envers le directeur. Mais en revanche, celui-ci leur appartient corps et âme, surtout s'il possède quelque chose. Voici une des principales causes de cette étrange situation :

Tous les conflits entre directeurs et artistes sont du ressort des tribunaux de commerce. Or, tout en rendant justice au caractère des hommes qui composent ces tribunaux, il est impossible, comme on le verra plus loin, de trouver une juridiction moins apte que celle-là à intervenir dans ces sortes de questions.

Il faut avouer d'abord que, depuis quelque temps, certains directeurs ont su se faire une si détestable réputation, que les bons même sont enveloppés dans la proscription générale, et ont presque toujours tort d'avance; les artistes le savent, et tout naturellement en abusent.

Ainsi, par un caprice ou une exigence quelconque d'amour-propre ou d'argent, un artiste simule une maladie pour laquelle il trouve toujours un médecin qui en atteste l'existence, contradictoirement avec les médecins de l'administration.

Cet artiste fait manquer une représentation dont le produit était certain et qu'on ne peut remplacer par une autre sans être sûr de voir entrer deux mille francs de moins dans la caisse. Le directeur l'assigne alors au tribunal de commerce, et, s'il est assez heureux pour que le certificat de complaisance ne fasse pas rejeter sa demande, malgré les attestations contraires, le tribunal condamnera l'artiste à cinq cents francs, ou au maximum, à mille francs de dommages-intérêts.

D'abord, si l'artiste n'a que des appointements médiocres, il sera fort difficile, pour ne pas dire impossible, au directeur de rentrer dans la somme allouée.

Ensuite, pendant le procès, et malgré une clause de l'engagement, aujourd'hui illusoire, la maladie de l'artiste aura continué et fait manquer trois ou quatre autres recettes de deux ou trois mille francs. De sorte qu'en supposant même que le directeur touche le montant des dommages-intérêts qui lui ont été alloués, on voit quelle position lui a faite le tribunal de commerce.

Certes, en l'absence d'une législation positive et régulière, il serait difficile à un tribunal de commerce de trouver, à défaut de conciliation, des moyens d'indemnité ou une pénalité qui missent un directeur à l'abri des mauvais vouloirs, aussi funestes que les cabales. Mais l'inaptitude de cette juridiction n'en existe pas moins, et il me suffira d'un trait pour faire comprendre comment quelques-uns de ces juges, qui sont tous des fabricants et des négociants honorables, entendent la matière :

Pour eux, le théâtre est une manufacture, une fabrique, où, lorsqu'un ouvrier manque à son devoir, cela ne doit pas empêcher les autres de travailler. Aussi, un directeur se plaignant à un juge de la lenteur de la procédure, et du tort que l'abstention d'un artiste lui causait, le juge lui répondit : « Mais pourquoi tenez-vous à cet homme? quand vous avez vu qu'il vous jouait de mauvais tours, il fallait le renvoyer sur-le-champ et le remplacer; vous n'auriez pas perdu de recettes. Nous n'hésitons pas, nous, lorsqu'un de nos ouvriers ou employés est mauvais coucheur, à le renvoyer immédiatement. » En un mot, ces messieurs ne tiennent pas compte de la différence qui existe entre un artiste, dont l'absence réduit presque tout le personnel du théâtre à l'impuissance, et un ouvrier, dont la tâche est isolée de celle de ses camarades. Beaucoup d'entre eux aussi n'ont pas égard à l'impossibilité d'un remplacement immédiat.

Il serait donc d'une urgente nécessité de retirer aux tribunaux de commerce la connaissance des conflits entre artistes et directeurs.

« Mais, me faisait observer le même personnage dont j'ai parlé plus haut, vous demandez là le renversement de la législation qui régit aujourd'hui la matière ! Ce sont de ces propositions qui doivent être soumises au conseil d'Etat et au corps législatif. »

Hélas! je ne le comprends que trop. Et cependant on a peine à concevoir quel rapport peut exister entre l'exploitation d'un théâtre et un commerce quelconque. J'avoue que, pour mon compte, je n'ai jamais pu me figurer qu'en dirigeant un théâtre, je faisais du commerce. Car enfin, je ne vendais rien, et ce que j'achetais, ce n'était pas pour le revendre. Je donnais des gages à des artistes pour chanter, danser ou jouer la comédie; mais apparemment le chant et la danse ne sont pas des marchandises. Il me semble, en un mot, que je faisais beaucoup moins acte de commerce que le riche propriétaire qui exploite lui-même ses terres. Ce propriétaire, lui aussi, donne des gages à vingt ou trente travailleurs, qui labourent, ensemencent et lèvent ses récoltes. Mais il vend des produits matériels, qui sont l'objet d'un commerce réel, puisque ceux qui les lui achètent pourront les revendre à leur tour.

Quoi qu'il en soit, il faut accepter les choses et les institutions telles qu'elles sont, et attendre qu'on reconnaisse la nécessité de réformer une législation qui, à elle seule, est presque un obstacle insurmontable à la prospérité des théâtres, puisque c'est peut-être là l'écueil contre lequel viendra échouer l'exploitation par les villes.

Provisoirement on ne peut qu'indiquer des palliatifs, et, après avoir passé en revue une foule de moyens, voici, je crois, le plus simple et le seul qu'on puisse employer aujourd'hui pour tourner la difficulté.

Ainsi que cela existe déjà, quatre médecins d'une moralité et d'un mérite reconnus seraient attachés au théâtre ; mais ils seraient seuls admis à constater l'état de l'artiste, qui ne pourrait produire valablement une attestation contraire, émanant d'un autre médecin. Le ministère de ces médecins serait gratuit, comme par le passé, en ne leur donnant droit qu'aux entrées.

Toute contestation serait soumise à l'appréciation de deux arbitres nommés par les parties, ou, à leur défaut, par le tribunal de commerce. On les choisirait, autant que possible, parmi les artistes fixés dans la ville.

Si ces deux arbitres ne tombaient pas d'accord, ils en nommeraient eux-mêmes un troisième, qui déciderait entre eux.

Un rapport serait dressé, d'après lequel le tribunal de commerce prononcerait un jugement, sans plaidoirie et sans autre forme de procès. Car on ne saurait trop éviter ces scènes scandaleuses où deux hommes se lancent à froid des injures, des outrages de toute sorte à l'adresse de leurs clients. Cela ne fait pas faire un pas à la cause, que des arbitres compétents peuvent, au contraire, examiner avec soin, en silence, dans ses plus minutieux détails, et en s'aidant mutuellement des explications données par les parties.

CHAPITRE IX.

Les artistes présentent, en général, on le sait, peu de garanties de solvabilité. On n'a de recours que sur leurs appointements, dont la loi ne permet, avec raison, que de saisir un cinquième, car il faut que l'artiste vive et subvienne à ses besoins pour pouvoir continuer son service.

D'un autre côté, lorsque les appointements ne sont pas élevés, ce cinquième devient illusoire, s'il s'agit, par exemple, de payer des dommages-intérêts capables d'indemniser un directeur de pertes considérables que lui aurait occasionnées un artiste.

Il en résulte que le directeur est tout à fait à la merci des bons ou des mauvais sentiments de ses pensionnaires, qui, ne se sentant, pour ainsi dire, passibles d'aucune peine qui puisse les atteindre, ne font leur devoir que si cela leur convient, et ne prennent nul souci de ce qui pourra arriver s'ils ne le font pas.

Cette position du directeur est tout à fait anormale et fort difficile, car enfin on ne peut supposer que les artistes soient tous de petits saints. Aussi serait-il urgent et équitable de donner aux engagements une importance qu'ils n'ont pas et d'exiger des artistes une garantie réelle.

Par exemple, en cas de non exécution de leur contrat ou de non acquittement du montant des condamnations prononcées contre eux, le tribunal de commerce, sur le rapport des arbitres, dont les conclusions serviraient de base au jugement, prononcerait, dans certains cas, la contrainte par corps limitée.

Cette proposition, de prime abord, va paraître exagérée. On criera à l'arbitraire, parce qu'en France on confond souvent tous les genres de liberté ; la liberté de faire le bien avec la liberté de faire le mal. Or, il ne s'agit ici que de gêner la liberté de faire le mal, et beaucoup de mal.

D'autres diront ; Vous voulez donc ressusciter le Fort-l'Evêque? Je réponds qu'il n'existe aucun rapport entre ce que je propose et le Fort-l'Evêque.

En effet, tout en remplissant parfaitement son devoir, un artiste était exposé autrefois à se voir enfermer pour toute autre cause que son art, et sans autre forme de procès, tandis qu'ici il s'agit de la responsabilité de ses actes et de l'acquittement d'une dette, en vertu d'un jugement rendu. Seulement il appartiendrait aux réglements à intervenir de proportionner la durée de la peine au chiffre de la dette, sans avoir égard au terme ordinaire de cinq ans.

Du reste, s'il m'était possible de consigner ici tout ce dont j'ai été témoin, on serait bien vite convaincu que ma proposition n'a rien d'exagéré.

Et puis, qu'on se rassure, si une pareille pénalité était établie, on n'y aurait pas souvent recours. Bien peu se mettraient dans le cas de se la faire appliquer, et tout n'en irait que mieux.

Où voit-on d'ailleurs qu'il y aurait plus d'arbitraire là que dans ce que nous voyons tous les jours?

En effet, toutes les fois que des travailleurs quelconques se mettent en grève pour obtenir une augmentation de salaire en dehors des conventions, l'autorité n'intervient-elle pas sur-le-champ en faisant incarcérer d'abord préventivement les auteurs du délit, sans préjudice de la peine que prononceront les tribunaux?

Personne cependant ne songe à blâmer l'autorité de prendre de telles mesures, parce que tout le monde y voit un gage de sécurité et une garantie.

Et pourquoi donc ne protégerait-on pas contre toute éventualité de mauvais vouloir et d'exigences injustes un chef d'administration théâtrale, aussi bien qu'un chef d'atelier? Voyez si on a les mêmes scrupules en Italie; et les vrais artistes songent-ils seulement à s'en plaindre?

En résumé, n'est-il pas évident que cette pénalité serait beaucoup moins menaçante pour les artistes que pour une foule d'autres industriels qui n'ont pas, comme eux, la faculté de s'y soustraire par la simple bonne volonté et la loyale exécution des conventions? Il sera si facile aux artistes d'éviter tout désagrément, en remplissant avec exactitude un devoir pour lequel ils sont généreusement rétribués! Leur position ne sera-t-elle pas de beaucoup préférable à celle de ces négociants qui, tout en apportant la plus grande loyauté dans leurs transactions, et en se résignant à un travail incessant et pénible, sont fatalement poussés quelquefois à la faillite et à la prison?

Du reste, la crainte d'être privé de la liberté serait un frein puissant, et il me suffira, pour le prouver, de citer quelques faits dont je garantis l'authenticité, et qui, certes, n'auraient pas eu lieu s'il se fût agi seulement de vingt-quatre heures de liberté à exposer. Ces exemples, que je pourrais multiplier à l'infini, feront sentir aussi, je l'espère, la nécessité d'exiger des garanties sérieuses et efficaces, en constatant combien peu il en coûterait à un artiste pour éviter toute espèce de difficultés.

Dans une ville très importante, un directeur de ma connaissance occupait un appartement situé au-dessus d'un restaurant en réputation.

On devait jouer le lendemain la *Juive* pour le début d'une basse, et tout le monde connaît l'importance d'un début.

Mais on avait compté sans le ténor qui,

pendant une grande partie de la nuit, empêcha toute la maison de dormir. Il avait été invité à dîner par des jeunes gens de la ville, et apparemment pour payer son écot, il leur chanta non seulement la *Juive,* mais *Guillaume Tell,* les *Huguenots,* la *Favorite,* etc.

Le lendemain, ce ténor fit dire sans façon au directeur qu'il était enroué et ne pourrait chanter le soir. Certes, on eût été enroué à moins. Mais croit-on que, s'il eût pensé qu'il y allât seulement de vingt-quatre heures de prison, il se fût exposé à être pris ainsi en défaut? Il eût été facile de prouver l'emploi de sa nuit, et, bien qu'on soit libre de disposer de son temps à sa guise, on n'en eût pas moins constaté l'absence de loyauté dans sa conduite.

Un autre fut non moins remarquable par sa manière de comprendre son devoir et surtout par le cas qu'il faisait de son engagement :

Chacun sait que le dimanche est le jour sur lequel on compte le plus. Or, on prévient cet artiste qu'il doit jouer le lendemain dimanche dans deux ouvrages. Il ne fait aucune observation, mais le lendemain, sans prévenir personne, sans rien dire, il prend le chemin de fer pour aller passer ce dimanche à Paris.

Il est facile de se rendre compte de l'embarras du directeur, lorsque l'heure du spectacle arriva, et qu'on ne trouva pas l'artiste dans sa loge.

Outre la difficulté de changer le spectacle, la substitution d'un ouvrage à un autre devait nécessairement produire un grand déficit dans la recette, parce que, lors même que l'ouvrage substitué serait supérieur à celui qu'il remplace, le public croit toujours le contraire. Il pense que si la direction eût considéré le second ouvrage comme préférable, elle l'aurait présenté tout d'abord. Ce n'est donc plus à ses yeux qu'un spectacle de hasard et de remplissage, et il s'abstient d'y venir, ou il se fait rendre son argent, pendant que, de leur côté, les abonnés crient et se fâchent.

Cependant, le lendemain, l'artiste en question revint de sa joyeuse excursion. On lui fit observer que sa conduite avait été peu délicate, et qu'il s'était exposé à de très fâcheuses conséquences.

A tout ce qu'on lui dit il répondit avec l'assurance d'un homme parfaitement sûr qu'aucun engagement ne le lie sérieusement : Je sais bien que j'ai eu tort de faire manquer ainsi une recette du dimanche. Mais que peut-on me faire? Je n'ai rien à redouter ; je ne possède rien et j'ai besoin de tous mes appointements. Si on me les retient, je pourrai encore moins faire mon service, et je serai forcé de quitter une ville où je ne pourrai plus vivre.

Il ne faut pas douter que si cet aimable philosophe eût eu la perspective d'être privé de sa liberté pendant quelque temps, il ne se serait pas arrêté un seul instant à l'idée d'une pareille escapade.

Il est mille autres circonstances dans lesquelles un directeur est et doit être toujours victime, parce qu'il est seul contre tous, privé d'appui, en but à des interprétations qu'il n'est pas en son pouvoir de rectifier, attendu qu'il ne peut exposer ses griefs à tout le monde (1).

---

(1) Un dernier trait fera comprendre la fausse

Je sais bien que les artistes me répondront en me citant, à leur tour, une foule de traits peu honorables de la part de certains directeurs. Mais cela ne fait que venir à l'appui des réformes dont je demande au moins l'essai. Cela prouve qu'il y a un grand vice dans l'organisation actuelle, et qu'on ne saurait trop se hâter d'y remédier, si l'on ne veut voir bientôt tous les théâtres de la province constamment fermés ou en déconfiture.

---

et désastreuse position du directeur actuel de province.

J'ai entendu, dans un petit conciliabule d'artistes, un orateur s'exprimer ainsi au sujet du directeur : « Voyons, combien faut-il qu'il perde cette année? mettons cela à 30 ou 35 mille francs ! »

Je m'empresse d'ajouter que les artistes ne ressemblent pas tous à celui-là, car j'en ai trouvé de bien braves et de bien dévoués, pour lesquels, du reste, j'ai conservé autant d'estime que de reconnaissance. Celui-là était une exception, Dieu merci ! mais une seule exception de ce genre dans un théâtre suffit quelquefois pour paralyser la bonne volonté de tout un personnel, et on ne saurait trop rechercher les moyens de n'être plus exposé à en rencontrer.

CHAPITRE X.

Au sujet des débuts, on me fait observer qu'un artiste, n'étant pas admis dans une ville, serait par cela même exclu des trois autres villes de la même catégorie.

Je réponds qu'il en doit être nécessairement ainsi, car, en supposant que cet artiste fût plus heureux dans l'une de ces autres villes, il lui serait bien difficile de revenir faire son séjour de trois mois dans celle qui l'aurait rejeté. Aussi, serait-il bien entendu que, dans ce cas, l'artiste repoussé ne pourrait se présenter, pendant cette même année, que dans une ville d'une autre catégorie.

Cette exclusion, on le comprend, ne serait que temporaire, car tel artiste qui paraît faible, inexpérimenté, aura, par l'expérience et le travail, acquis, l'année suivante, de l'aplomb, de l'énergie, de l'habitude, sans compter le talent d'exécution qui doit se perfectionner tous les jours.

Ce sont, du reste, de ces accidents qui n'arriveraient jamais, si, après avoir été admis à exposer la nécessité d'une réforme bien facile à opérer, mais dont les résultats seraient immenses, on était assez heureux pour faire partager sa conviction.

Malheureusement, lorsqu'on ne se présente pas dans des conditions et avec un patronage dont je m'avoue complètement privé, il n'est pas facile d'arriver jusqu'à la haute administration, de laquelle cela dépend.

Ce n'est pas, d'ailleurs, que je blâme cette difficulté d'admission. Sans doute, cela est fâcheux pour quiconque se trouve dans le même cas que moi; mais je comprends parfaitement qu'un haut fonctionnaire, dont tous les instants sont comptés, ne puisse être à la disposition du premier venu, si celui-ci n'est pas précédé d'une recommandation qui fasse supposer au fonctionnaire qu'il ne perdra pas son temps.

Je m'en remets donc au hasard du soin de me ménager un jour l'entrée du sanctuaire.

En attendant, il serait nécessaire d'admettre, ne fût-ce que comme garantie morale, une nouvelle disposition dans les rapports des administrations théâtrales avec les agents dramatiques.

Un mot d'explication, d'abord, à ce sujet :

CHAPITRE XI.

Tout agent qui engage un artiste prélève sur le chiffre total des appointements deux et demi pour cent. Que l'artiste réussisse ou non, cette somme lui est acquise. Il commence par se payer lorsqu'il remet à l'artiste le mois d'appointements d'avance qu'on est jusqu'ici dans l'habitude de donner.

Par exemple, un artiste signe un engagement de douze mille francs, quelle que soit la durée de la campagne : si c'est pour une année entière, il aura droit à mille francs d'avance, sur lesquels l'agent lui comptera sept cents francs, et se réservera trois cents francs d'honoraires.

Il résulte évidemment d'un tel usage que l'agent dramatique est intéressé à ce qu'il y ait le plus de chutes possibles. Le fait est constant.

Je ne veux point dire pour cela que les agents dramatiques abusent de cette position. Il ne m'appartient pas de suspecter les intentions ni de scruter les actes de ces messieurs. Mais il suffit que l'abus soit possible pour qu'on le prévienne d'une manière qui ne blesse les intérêts de personne, tout en donnant plus de garanties à tout le monde.

Aucun de ces messieurs, je l'espère, ne trouvera mauvais qu'on se mette en garde contre une éventualité qui n'a pas encore, peut-être, produit d'abus, je veux bien le croire, mais qui prête singulièrement à interprétation.

Il faudrait donc simplement, et jusqu'à nouvel ordre, s'entendre formellement avec les agents dramatiques, pour que chacun d'eux ne pût, en aucun cas, engager pour la même ville deux sujets pour le même emploi. Ils ne seraient point ainsi exposés à la tentation de toucher deux ou trois salaires pour le même objet.

Encore une fois, je ne dis pas qu'il y ait spéculation de leur part; mais alors il ne peut que leur être agréable de donner cette nouvelle garantie, et de décliner ainsi une assez grave responsabilité. En effet, pour mériter la confiance d'une administration, ils ne sauraient être trop circonspects dans leurs choix ; et, s'il arrivait un mécompte, on ne pourrait jamais supposer qu'il y ait eu intention de leur part.

Tous ceux qui remplissent avec franchise et loyauté la mission qu'ils se sont donnée approuveront, je n'en doute pas, une pareille disposition, et j'aime à croire qu'ils sont tous dans ce cas. Celui, du reste, qui s'exposerait à l'éluder, serait immédiatement, après les preuves à l'appui, signalé à toutes les administrations, et perdrait ainsi sa position.

D'ailleurs, un des motifs pour lesquels je crois que les agents dramatiques accueilleraient avec empressement cette nouvelle condition, c'est qu'ils toucheraient au moins leurs honoraires intégralement, tandis qu'aujourd'hui, il faut bien le dire, pour obtenir la préférence des directeurs, qui sont eux-mêmes fort à court, ils sont souvent obligés de partager avec ces derniers.

Provisoirement, il résulterait de ce qui précède :

1º Que l'on n'aurait plus à supposer ni à craindre de spéculation déloyale ;

2º Que les agents dramatiques, à l'abri de tout soupçon, auraient intérêt à bien servir les administations théâtrales pour conserver la confiance et la clientelle de ces administrations ;

3º Que, le scrutin aidant, et les dispositions du public à l'égard du directeur gérant étant tout à fait changées, il y aurait beaucoup moins de chutes, et partant moins de scènes pénibles pour les artistes, et de dépenses stériles pour les villes.

CHAPITRE XII.

Je passe maintenant à ce que je ne puis m'empêcher de signaler comme un grand obstacle à la prospérité des théâtres et au succès de toutes les entreprises.

Je veux parler du mois entier d'appointements que l'on est dans l'habitude de donner d'avance aux artistes, sans compter les frais de voyage, et de transport de leurs effets. Il en résulte que souvent l'artiste ne joue qu'une fois et emporte le salaire d'un mois.

Cet usage est au moins absurde, s'il n'est injuste; car, est-il rationnel de payer intégralement d'avance, et sans retour, le travail d'un mois, lorsque, par un motif quelconque, auquel vous êtes toujours étranger, ce mois aura été réduit à un ou deux jours?

Je prie toutefois les artistes de ne pas prendre ce qui précède en mauvaise part, et de ne pas me considérer comme un mauvais frère. Il n'est aucun d'eux, j'en suis sûr, qui ne sente la justesse de mes observations, ceux surtout qui ont quelque valeur, et qui savent quel abus on fait souvent de cet antique usage.

Quoi qu'il en soit, en bonne conscience, jusqu'à ce que l'artiste fût définitivement admis, il devrait suffire de le défrayer entièrement, y compris le voyage de retour, en cas d'insuccès. Mais la suppression immédiate de l'abus entraînerait une si grande perturbation, qu'il faudrait, quant à présent, se borner à ne donner que moitié du mois, sauf à le compléter après l'admission. Cette mesure a déjà été appliquée isolément, et ne donnerait lieu à aucune réclamation, surtout de la part des vrais artistes, qui ont confiance dans leur talent.

CHAPITRE XIII.

Par suite d'un mode d'exploitation, offrant aux artistes une sécurité inconnue jusqu'ici, un autre résultat serait facilement obtenu. C'est celui d'une juste réduction de certains appointements, lesquels, depuis quelques années, ont pris un tel accroissement que toute exploitation est devenue matériellement impossible.

Ainsi toutes les villes de la même catégorie conviendraient entre elles de ne pas enchérir les unes sur les autres, afin que les artistes, en changeant de résidence, trouvassent toujours les mêmes avantages et la même position.

Un chiffre raisonnable serait fixé, et aucun artiste ne songerait à se plaindre lorsque, par exemple, au lieu de dix-huit mille francs que lui promettent aujourd'hui, mais que ne lui paient presque jamais les directeurs actuels, on lui en alloucrait douze sur lesquels il pourrait compter.

S'il se trouvait des récalcitrants, car il y en a partout, on n'aurait pas à craindre de leur part une longue abstention, parce qu'il leur serait impossible de s'entendre, un grand nombre d'entre eux n'ayant pas habituellement les moyens de rester inoccupés. Et d'ailleurs, la plupart, aujourd'hui, voient les choses telles qu'elles sont. Ils ont été témoins et victimes de tant de catastrophes, qu'ils s'estimeraient très heureux d'être sûrs de toucher deux tiers et quelquefois même moitié de ce qu'ils ne voient presque jamais que sur le papier.

Que si la fixation du chiffre des appointements par les villes paraissait arbitraire à quelques artistes, ils ne doivent pas oublier qu'au lieu d'une position incertaine, soumise à diverses chances, ils auraient là une position assurée, et qui pourrait durer autant que leur talent.

En effet, en abondant même dans le sens des partisans de l'engagement de longue durée, le système que je propose est encore celui auquel on devrait donner la préférence; car rien n'empêcherait les huit premiers sujets de rester indéfiniment dans la même catégorie. Ils auraient d'autant plus de chance de ne pas lasser le public, qu'ils ne paraîtraient que trois mois par année sur le même théâtre.

L'on verrait ainsi revenir tous les ans avec plaisir l'artiste de talent auquel aujourd'hui, après deux années de séjour continuel, on est tellement habitué qu'on finit par aller fort rarement au spectacle.

CHAPITRE XIV.

Si l'on veut maintenant examiner attentivement l'ensemble de ces mesures, dont l'application n'offre aucune difficulté sérieuse, il sera facile de prévoir les résultats qu'on en doit attendre, et on arrivera nécessairement à être convaincu que non-seulement les villes ne seront pas exposées à perdre, mais qu'il est impossible qu'elles ne réalisent pas des bénéfices.

En effet :

1º Au lieu d'un directeur souvent étranger aux premières notions de l'art, ne recherchant la position que pour spéculer, et presque toujours avec l'argent des autres (car c'est souvent aux dépens des dupes ou de quelques lovelaces de coulisses qu'on opère aujourd'hui), au lieu, dis-je, d'un pareil homme, placé dans des conditions telles que le public se défie toujours de lui, on aurait pour gérant un homme spécial, d'une moralité et d'une probité éprouvées, parfaitement désintéressé dans l'exploitation, quoique responsable aux yeux de la loi, et n'ayant qu'un but, celui de gouverner sagement, de remplir dignement et à la satisfaction de l'autorité et du public un mandat qu'il ne peut conserver qu'à ce prix.

2º Garantie et satisfaction données au public et aux administrations de la part des agents dramatiques, qui, ne pouvant faire qu'un seul engagement pour le même emploi, y mettraient de l'amour-propre et seraient intéressés à ne faire que de très bons choix ;

3º Plus d'hostilité contre le directeur-gérant, dont la partie du public même la plus turbulente n'aurait plus aucun prétexte de se déclarer l'ennemie, et par conséquent plus d'opposition systématique;

4º Surveillance impartiale et ferme de l'autorité, intéressée, au nom de la ville dont elle est mandataire, à maintenir l'ordre et à combattre la malveillance, de quelque part qu'elle vienne ;

5º Les abonnements souscrits seulement après les débuts, et partant, plus de plaintes, d'accusations et d'exigences de la part des abonnés pendant le reste de l'année ;

6º Les artistes désormais responsables de leurs fautes et forcés de respecter leurs traités ;

7º Les contestations soumises à des arbitres compétents, prenant sans délai connaissance de l'affaire, sans qu'il y ait interruption de service jusqu'au jugement à intervenir;

8º Enfin l'influence énorme qu'aurait sur

les recettes le renouvellement trimestriel des principaux sujets.

Ajoutez à cela la suppression d'une foule de petits abus intérieurs, auxquels un directeur ne peut aujourd'hui se soustraire, mais que sa nouvelle position lui permettrait d'attaquer de front.

De plus, la révision du chapitre des servitudes, pour arriver, autant que possible, à rendre tous les citoyens égaux devant la caisse municipale.

Sans compter la décentralisation dramatique, qui peut-être cesserait d'être irréalisable.

CHAPITRE XV.

Je demande maintenant où serait le danger pour une ville de faire exploiter son théâtre à ses risques et périls.

Il est des personnes qui croient avoir trouvé une objection sans réplique dans ce principe spécieux, qu'elles proclament comme un arrêt définitif: une ville, disent-elles, ne saurait être directrice de théâtre.

D'abord, on pourrait demander pourquoi? Un théâtre est un établissement d'utilité publique, et je ne sache pas qu'une ville pût se compromettre en le protégeant, en l'aidant, en le commanditant enfin, plus qu'elle ne le fait actuellement en le surveillant, en interdisant telle chose au directeur et lui imposant telle autre; en défendant la représentation de telle pièce ou l'autorisant; en réglant les heures de durée du spectacle; en un mot, en s'en réservant, par le fait, la haute direction.

Que si c'était le simple titre de directrice de théâtre qui parût porter atteinte à la dignité de la ville, qu'on se rassure. D'après ce que nous avons dit, ce n'est pas elle qui dirigerait, mais bien un fondé de pouvoirs responsable, dont elle ne serait que commanditaire. Excepté la comptabilité, elle n'aurait guère d'autres attributions et occupations que celles qu'elle a aujourd'hui.

Serait-ce encore parce que l'entreprise ne roulerait que sur des fonds fournis par elle, que le titre de directrice lui serait plus applicable?

Mais il y a bien longtemps qu'elle donne une subvention pour soutenir son théâtre. Quelquefois même elle ajoute un supplément à cette subvention, le tout dans le but de mener l'entreprise à bonne fin; et l'on conviendra que la distinction devient subtile. D'ailleurs, est-ce qu'en dirigeant, soutenant et entretenant de ses deniers ses écoles communales, elle se fait maîtresse d'école?

Et puis, il s'agit de savoir si on a le choix des moyens.

De deux choses l'une :

Ou on devra se passer de théâtre en province avant peu, ou il faudra que les villes s'en chargent.

Il n'y a pas de terme moyen.

Vous n'espérez pas sans doute obtenir d'autres résultats que ceux obtenus jusqu'ici, en laissant, comme par le passé, l'exploitation à l'industrie particulière?

Alors pourquoi les mêmes causes cesseraient-elles de produire les mêmes effets?

Je sais bien que la plupart des maires repoussent ce système de toutes leurs forces.

On doit aussi s'attendre à la même résistance de la part de quelques employés des mairies, dont la besogne se trouvera nécessairement un peu augmentée. Reste à savoir si l'on s'arrêtera devant ces résistances.

C'est bien, du reste, dans cette prévision que j'invoque, au commencement de cette notice, l'initiative du Prince-Président, qui, seule, trancherait la question sans qu'il s'élevât aucune plainte ni aucune observation.

Mais, à défaut d'un décret qu'on ne voudrait peut-être pas lancer sans être sûr de l'efficacité des nouvelles mesures que prescrirait ce décret, pourquoi ne tenterait-on pas un essai?

Et quel serait le pire résultat d'un insuccès?

Ce serait d'en revenir au point où l'on en est actuellement, et de chercher d'autres moyens plus efficaces, dont quelques-uns découleraient peut-être de l'essai même.

Quant au déficit, aussi considérable qu'on voudra le prévoir, il n'atteindrait jamais un chiffre qui pût jeter les villes dans un embarras tel qu'elles n'auraient pas l'espoir d'en sortir.

Or, pour arriver à une épreuve qui peut-être sauverait les théâtres, il suffirait d'une simple circulaire de M. le ministre de l'intérieur aux préfets et aux maires de quatre villes que l'on désignerait.

Pendant que les préfets prendraient toutes les mesures en leur pouvoir pour assurer le succès de l'expérience, les maires et les administrations municipales se mettraient en devoir de chercher des hommes sûrs et capables auxquels ils croiraient pouvoir confier sans danger une partie de la subvention pour commencer l'exploitation.

On saurait bientôt à quoi s'en tenir sur les réformes que réclame impérieusement le théâtre en province.

Dans tous les cas, la tentative aurait probablement pour résultat de faire avancer la question de manière à ce qu'elle se trouvât parfaitement étudiée en arrivant au conseil d'État.

CHAPITRE XVI.

Il me reste à parler des troupes ambulantes, qui, elles aussi, ont leur importance et leur utilité.

Les villes qui composent un arrondissement théâtral s'entendraient pour prélever sur leurs subventions un fonds commun destiné à la formation d'une ou deux troupes, selon les exigences ou les habitudes.

Dans les arrondissements desservis par deux troupes, ce fonds commun serait réparti proportionnellement au budget de chacuns de ces troupes, celui de l'opéra étant toujours plus élevé que celui de la comédie.

Pour éviter les plaintes et les récriminations d'une ville à une autre, les intérêts seraient ensuite divisés après la constitution définitive de la troupe. Chacune ferait, à son tour, exploiter de la même manière que dans les villes à troupes sédentaires, et réglerait ses comptes à la fin de la saison.

Il est peut-être encore des villes qui, jusqu'à présent, n'ont jamais donné de subvention ; mais quand elles sentiront l'impossibilité d'avoir un théâtre sans s'imposer une dépense dont elles se réserveront, du reste, le règlement et la surveillance, il n'est aucune d'elles qui, conformément à la récente circulaire de M. le ministre de l'intérieur, ne s'empresse de faire un sacrifice dans ce but.

Il n'y aurait rien à changer, du reste, quant aux garanties de toute nature à exiger pour la gestion des troupes ambulantes, et tout ce qui a été dit au sujet des troupes sédentaires leur serait également applicable.

CHAPITRE XVII.

Je me proposais de toucher à une question qui a déjà été traitée bien des fois, et dernièrement encore : celle du droit des pauvres. Mais, d'après le travail d'une commission nommée à cet effet, l'autorité vient de prononcer.

Je me renfermerai donc simplement dans quelques observations incidentes, dont la prise en considération n'attaquerait nullement le principe de la décision ministérielle.

D'abord, qu'on me permette d'interpréter l'intention qui a dû présider à l'établissement du droit des pauvres. On sera libre d'admettre ou non cette cause première; mais elle n'en sera pas moins rationnelle; car il serait difficile d'expliquer autrement la préférence donnée exclusivement aux théâtres sur tant d'autres établissements.

Il est probable que le peu de concurrence, la nouveauté des genres, et peut-être aussi l'habileté des artistes, à l'époque où le droit des pauvres fut établi, permettaient aux entrepreneurs de théâtres de réaliser des bénéfices certains.

On dut penser alors qu'il serait humain et évangélique de faire participer les pauvres et les malades à des bénéfices résultant du superflu de gens qui se divertissent.

On jugea donc à propos d'imposer à ces sortes d'établissements l'obligation de verser une certaine partie de leurs recettes pour venir en aide aux pauvres et aux malades.

Mais, je le demande, si ces établissements n'eussent pas été prospères, aurait-on pensé à les imposer seuls, et n'aurait-on pas fait supporter un impôt pareil à d'autres établissements qui, eux aussi, sont des lieux de plaisir, tels que les cafés, les restaurants, les cabarets, etc. ?

Sans doute aussi, dans ce temps-là, les établissements de bienfaisance, les hôpitaux, étaient loin de l'opulence dont ils jouissent généralement de nos jours; car, en vérité, on pourrait presque, aujourd'hui, pour rétablir l'équilibre, renverser les positions; c'est-à-dire que, dans certaines villes, les établissements de bienfaisance, et les hospices particulièrement, seraient en état, à leur tour, de subventionner les théâtres.

Quoi qu'il en soit, cette loi a continué d'être en vigueur, et, tout récemment, elle vient d'être prorogée.

Mais, en présence de la situation actuelle des théâtres, je demande s'il ne serait pas équitable et même logique de ne commencer à percevoir le droit des pauvres que lorsque l'entreprise tributaire de ce droit aurait atteint le chiffre de recettes indispensable à l'acquittement de ses frais et dépenses. Car, enfin, si un théâtre fait juste de quoi marcher, comment venir raisonnablement le mettre en déficit? Il est difficile de croire que telle ait été l'intention du législateur.

Il me suffira d'exposer le résultat malheureusement trop fréquent de la perception du droit des pauvres sur une recette quelle qu'elle soit, pour faire comprendre qu'il peut y avoir erreur dans l'interprétation de la loi.

Le directeur d'un théâtre quelconque a besoin, pour toucher ce qu'on appelle les deux bouts, de faire une recette de 1,650 fr. par jour. Au moyen de cette somme, il peut vivre, payer son personnel, ses fournisseurs de toute sorte; en un mot, remplir exactement tous ses engagements.

Ce directeur, à force d'activité et de travail, parvient à réaliser ce chiffre de 1,650 fr. tous les jours; mais, tous les jours aussi, le percepteur du droit des pauvres vient prélever 150 fr. sur cette somme, sans laquelle le théâtre ne peut se soutenir.

Il en résulte que ce directeur, qui pouvait mener son entreprise à bien, et faire honneur à ses affaires, va se trouver, au bout de l'année, en déficit de 54,000 fr. Il déposera son bilan, sera ruiné, et aura perdu son crédit. Le théâtre sera fermé, en attendant une nouvelle victime, et le déficit de ces 54,000 fr. atteindra principalement ceux qui ont le moins les moyens d'en supporter les conséquences.

Et cependant les hospices et bureaux de bienfaisance auront touché régulièrement et intégralement.

Non, certes, le législateur n'a pu vouloir que des gens qui travaillent pour gagner un salaire convenu, sur lequel ils comptent et qu'ils réalisent en effet, se voient tout-à-coup supprimer, en vertu d'une loi promulguée peut-être dans de tout autres conditions, une partie de ce salaire, dont ils ont besoin pour soutenir leurs familles; cela est trop évident pour qu'il soit besoin d'insister.

Je me borne donc, en respectant la décision ministérielle, à faire observer qu'il serait logique, en même temps que juste, de ne faire commencer l'impôt que là où le bénéfice commence, après les frais de tout genre acquittés intégralement.

On alléguera, je le sais, que beaucoup de

directeurs chercheront à dissimuler le chiffre réel de leurs recettes.

Mais, si vous craignez cela, établissez une surveillance, un contrôle. Soyez sûrs que les administrations théâtrales aimeront beaucoup mieux se soumettre à cette mesure de précaution que de voir prélever l'impôt, lorsque la recette ne couvre pas les frais.

Je n'insisterai pas davantage, l'examen de la loi elle-même m'étant interdit.

Aussi, dois-je faire remarquer que les observations qui précèdent ne tendent point à la suppression de l'impôt, mais seulement à rendre sa perception plus logique et plus équitable.

CHAPITRE XVIII.

Un mot, avant de finir, sur le théâtre en général :

Une des causes principales qui s'opposent à ce qu'on s'occupe utilement des théâtres de la province, c'est qu'à Paris, d'où vient toute initiative, on ne se rend pas assez compte de la position forcée qui est faite à un directeur.

On ignore les mille petites exigences tyranniques auxquelles il est constamment en but et qui équivalent quelquefois à cette demande : La bourse ou..... on ne connaît pas toutes les luttes intestines et incessantes dans lesquelles ce directeur use souvent une intelligence qu'il pourrait employer plus utilement.

Certes, je ne prétends pas qu'à Paris un directeur soit exempt d'entraves et de difficultés, mais que l'on compare seulement les conditions d'exploitation de l'un et de l'autre, et l'on verra que les embarras de l'un sont loin d'égaler les difficultés qui naissent, pour ainsi dire, à chaque instant, sous les pas de l'autre.

En effet, le directeur, à Paris, est à l'abri de toute coterie, et de la part du public et de la part des artistes. De la part du public, parce que ce public se renouvelle tous les jours, et que d'ailleurs, à Paris, l'autorité, n'ayant pas les mêmes motifs d'abstention qu'en province, interviendrait immédiatement en cas de besoin.

De la part des artistes, parce que ces derniers ne peuvent pas se créer, comme en province, un noyau de partisans et de prétendus amis, toujours prêts à prendre leur parti contre le directeur. Ensuite, l'ambition constante de tous les artistes étant de se produire à Paris, on manquerait rarement de bonnes volontés prêtes à faire ce que les tribunaux de commerce croient possible en province, c'est-à-dire remplacer sur-le-champ un artiste capricieux.

En pareil cas, du moment où le suppléant se tirerait d'affaire convenablement, on n'aurait point à craindre que le public prît fait et cause; tandis qu'en province l'impuissance à laquelle on est réduit sert toujours de prétexte à des scènes orageuses, dont les conséquences retombent infailliblement sur le directeur.

Pour mon compte, j'affirme n'avoir jamais rencontré de plus grands obstacles en province que ces coteries et ces impossibilités devant lesquelles il faut, de toute nécessité, s'incliner.

Vous avez maintenant les exigences du répertoire, qui doit se renouveler tous les jours en province, quel que soit le succès d'un ouvrage. A Paris, au contraire, un succès vous donne soixante, quelquefois cent représentations et vous permet ainsi de respirer et d'en préparer un autre.

C'est pourquoi, en dépit de l'opposition que rencontrera mon opinion, certains théâtres de Paris me paraissent présenter des chances certaines de succès; et j'en suis encore à comprendre comment les directeurs de ces théâtres ne font pas tous fortune.

On me répondra en me citant beaucoup d'exemples du contraire. Mais, que l'on ne s'y trompe pas, cela tient à d'autres causes ou plutôt à d'autres écueils qu'il n'est pas donné à tous les hommes de pouvoir éviter. Ensuite, la plupart des directeurs de Paris, confiants dans leurs propres forces, ne craignent pas souvent d'assumer la responsabilité des fautes de leurs prédécesseurs.

Et puis, le grand art, quelquefois, est de savoir s'arrêter à temps. Il n'est pas d'habileté si grande qu'elle puisse se flatter de ne jamais se tromper et d'être pour toujours à l'abri des revers. Il en est un peu de cela comme des succès de bourse.

Sans parler de quelques directeurs qui, après avoir montré de l'habileté et fait fortune dans un théâtre, sont allés se ruiner dans un autre, nous avons un exemple tout récent de ce genre de vicissitude.

Un homme joue à Londres un coup de dé hardi sur le talent d'une grande artiste, qui ne reste pas au-dessous de ce qu'on attendait d'elle. De là une telle renommée d'habileté, que si cet homme se fût retiré à cette époque, son nom eût passé à la postérité comme le type des directeurs habiles.

Mais il voulut lasser la fortune et se présenta pour diriger une scène importante de Paris, qu'il devait exploiter indépendamment de celle de Londres. On s'empressa de l'accepter, mais la chance tourna.

Au lieu de compter sur une de ces étoiles bien rares et bien difficiles à découvrir, il fallait à ce théâtre, placé dans de tout autres conditions depuis la révolution de février, une régénération complète. C'est ce que ne comprit pas ce directeur, qui, malheureusement, compromit ainsi, dans cette double exploitation, sa réputation d'habileté et peut-être ses capitaux.

Du reste, sans avoir le don de seconde vue, dans une demande de privilége pour le même théâtre que j'adressai, en 1849, à M. le directeur des Beaux-Arts, conjointement avec un de mes amis, aujourd'hui à trois mille lieues de Paris, j'annonçais les résultats qu'on a obtenus depuis, dans le cas où on ne changerait pas de système.

M. le ministre de l'intérieur d'alors approuva l'intention d'une réforme complète. Mais la préférence dû être accordée à un artiste célèbre qui, dès le moment le plus difficile, ne craignit pas de continuer l'entreprise à ses risques et périls pour assurer le sort de ses camarades.

Quoi qu'il en soit, et dût-on me traiter de présomptueux, si ma tête, à laquelle je tiens comme tout homme qui ne songe pas au suicide, représentait une valeur quelconque, je ne craindrais pas de l'exposer dans la gestion de l'un de ces théâtres.

CONCLUSION.

J'ai dit sur les causes de la ruine des théâtres tout ce que les convenances me permettaient de dire, et j'achevais cette notice, lorsqu'a paru la circulaire de M. le ministre de l'intérieur.

Les bienfaisantes intentions qu'elle annonce de la part de la haute administration ont fait cesser toute hésitation de ma part, en me démontrant l'opportunité de ma démarche en faveur des théâtres.

Et maintenant une fausse modestie ne doit pas m'empêcher de dire :

Si le hasard voulait qu'un jour je fusse admis à m'expliquer devant qui de droit, j'aurais à donner de bien autres détails et des renseignements qui ne pouvaient trouver place dans cette notice.

Ces détails et renseignements, MM. les préfets auront, je crois, beaucoup de peine à les recueillir, malgré leur zèle et leur bonne volonté.

Paris. — Imprimerie DE DUBUISSON, rue Coq-Héron, 5.

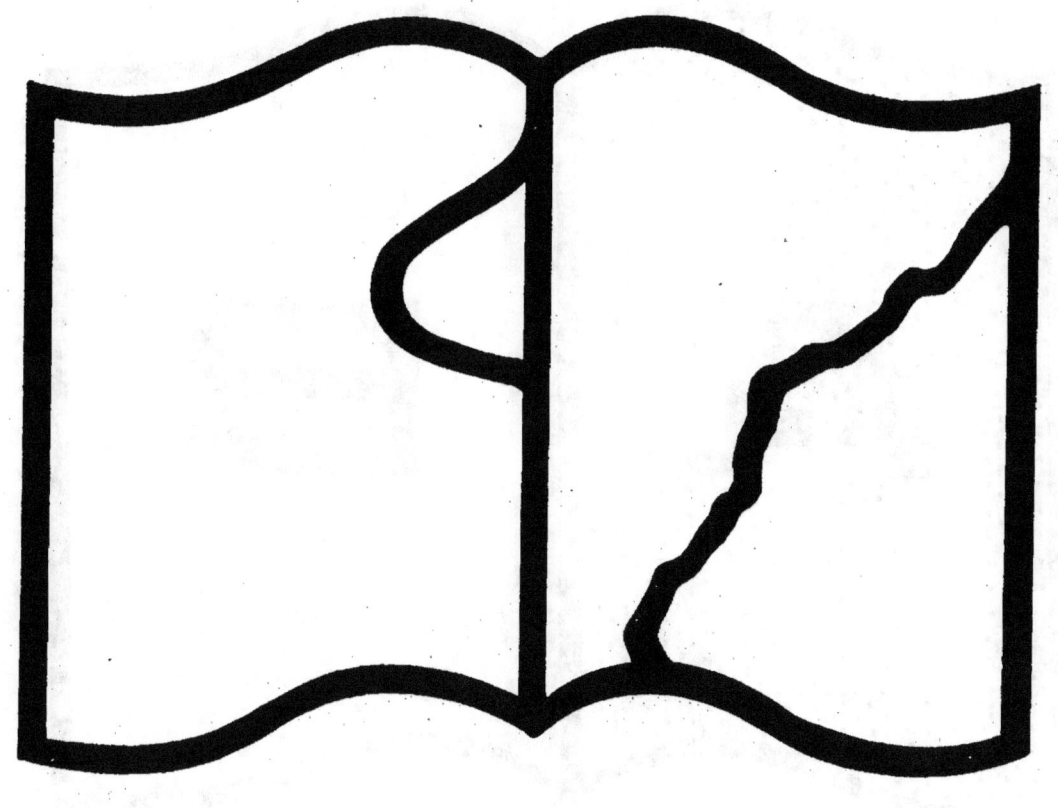

Texte détérioré — reliure défectueuse
NF Z 43-120-11

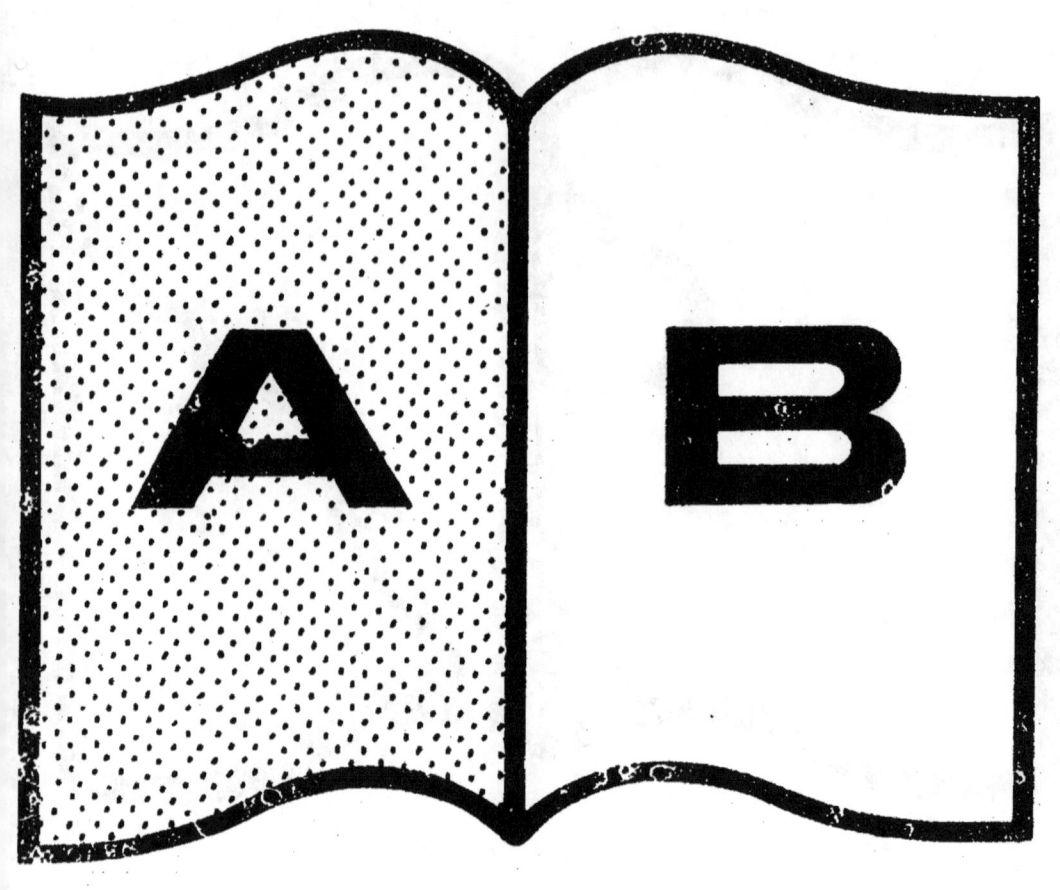

Contraste insuffisant
NF Z 43-120-14

PARIS,
IMPRIMERIE DE BEETISSON, RUE COQ-HÉRON, 5.

www.ingramcontent.com/pod-product-compliance
Lightning Source LLC
LaVergne TN
LVHW021007090426
835512LV00009B/2126